D1306935

Pour Dune et Nino

© 2004, *l'école des loisirs*, Paris

Loi N° 49 956 du 16 juillet 1949,
sur les publications destinées à la jeunesse:
septembre 2004.
Dépôt légal: septembre 2004

Mise en pages: *Architexte*, Bruxelles
Photogravure: *Media Process*, Bruxelles
Imprimé en Belgique par *Daneels*

Nadine Fabry

QUELLE AFFAIRE
AVEC LES PAPAS ET LES MAMANS

PASTEL
l'école des loisirs

OTTAWA PUBLIC LIBRARY
BIBLIOTHEQUE PUBLIQUE D'OTTAWA

JE M'APPELLE ALADIN
ET JE VAIS VOUS
PRÉSENTER MA FAMILLE.
JE VOUS PRÉVIENS,
C'EST UN PEU COMPLIQUÉ,
CAR IL Y A BEAUCOUP
DE PAPAS ET BEAUCOUP
DE MAMANS...

MON PAPA S'APPELLE JAMI, MAIS MOI JE LUI DIS «PAPA» PARCE QUE C'EST MON PAPA. JUSQUE-LÀ, CE N'EST DONC PAS COMPLIQUÉ DU TOUT.

MA MAMAN S'APPELLE ÉLÉONORE, MAIS MOI JE L'APPELLE «MAMAN» PARCE QUE C'EST MA MAMAN. ÇA, CE N'EST PAS COMPLIQUÉ NON PLUS... C'EST COMME POUR LES PAPAS.

ÉLÉONORE

LUI, C'EST HENRI.
MA MAMAN L'APPELLE
«PAPA», MAIS MOI
JE DIS «BON PAPA»
ET C'EST VRAI QU'IL
EST BON COMME PAPA
POUR MAMAN.

ENSUITE, IL Y A LA
MAMAN DE MON PAPA.
C'EST LEÏLA.
MON PAPA L'APPELLE
«MAMAN», MAIS MOI
JE DIS «MAMOUCHKA».

LEÏLA

VOICI OMAR. C'EST
LE PAPA DE MON PAPA.
MON PAPA L'APPELLE
«PAPA», MAIS MOI
JE DIS «PAPOUCHE»,
CAR IL PORTE SOUVENT
DES BABOUCHES.

LÀ, C'EST MICHELLE, LA MAMAN DE MAMAN. MA MAMAN L'APPELLE «MAMAN», MAIS MOI JE DIS «BONNE MAMAN» ET C'EST VRAI QU'ELLE EST BONNE COMME MAMAN POUR MAMAN.

MICHELLE

ICI, C'EST POL. MOI JE DIS «PAPAPOL», MAIS ZOÉ L'APPELLE «PAPA», CAR C'EST SON PAPA. CE QUI EST COMPLIQUÉ, C'EST QUE MA MAMAN EST AUSSI LA MAMAN DE ZOÉ. C'EST POUR ÇA QUE ZOÉ EST MA DEMI-SŒUR.

POL

BREF, MA «SŒUR» ZOÉ ET MOI, ON N'A PAS LE MÊME PAPA, MAIS ON A LA MÊME MAMAN. C'EST ÇA QUI EST ÉTONNANT !

ZOÉ

MIA EST LA MAMAN D'ALI. ALI EST MON DEMI-FRÈRE, CAR MON PAPA EST AUSSI SON PAPA, MAIS MA MAMAN N'EST PAS SA MAMAN ! ALI APPELLE MIA «MAMAN», MAIS MOI JE DIS «MAMAMIA».

DONC,
MON «FRÈRE» ALI ET
MOI, ON N'A PAS LA
MÊME MAMAN, MAIS
ON A LE MÊME PAPA...
C'EST BIZARRE, MAIS
C'EST COMME ÇA.

TOUS CES PAPAS ET CES MAMANS, C'EST UN PEU COMPLIQUÉ QUAND ON EST ENFANT ! ALI, ZOÉ ET MOI, ON EST COMME FRÈRE ET SŒUR.
MAIS AVEC LES PARENTS, ON NE S'EN SORT PAS TOUJOURS... ET VOUS ?

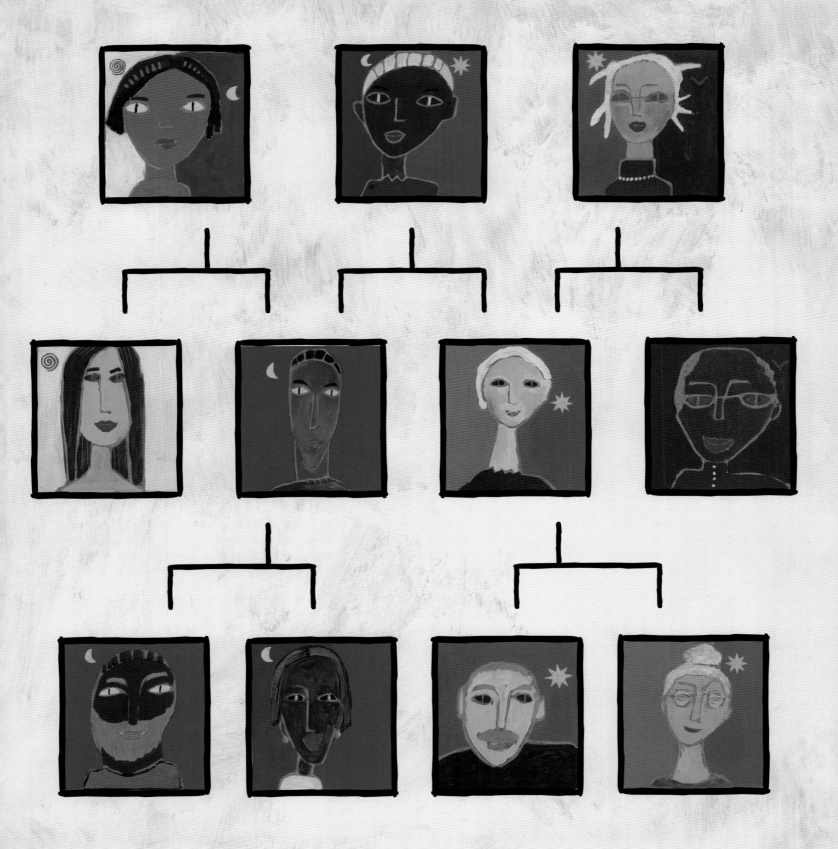